LES STATUES

DE

L'ANCIENNE COLLÉGIALE D'ÉCOUIS

(EURE)

PAR

M. le Chanoine PORÉE

MEMBRE NON RÉSIDANT DU COMITÉ DES SOCIÉTÉS DES BEAUX-ARTS

PARIS
TYPOGRAPHIE PLON-NOURRIT ET Cie
RUE GARANCIÈRE, 8

1902

PARIS

TYPOGRAPHIE PLON-NOURRIT ET Cie

8, rue Garancière

LES STATUES

DE

L'ANCIENNE COLLÉGIALE D'ÉCOUIS

(EURE)

Ce mémoire a été lu à la réunion des Sociétés des Beaux-Arts des départements, tenue dans l'hémicycle de l'École des Beaux-Arts, à Paris, le 2 avril 1902.

LES STATUES

DE

L'ANCIENNE COLLÉGIALE D'ÉCOUIS

(EURE)

PAR

M. LE CHANOINE PORÉE

MEMBRE NON RÉSIDANT DU COMITÉ DES SOCIÉTÉS DES BEAUX-ARTS

PARIS

TYPOGRAPHIE PLON-NOURRIT ET Cie

RUE GARANCIÈRE, 8

—

1902

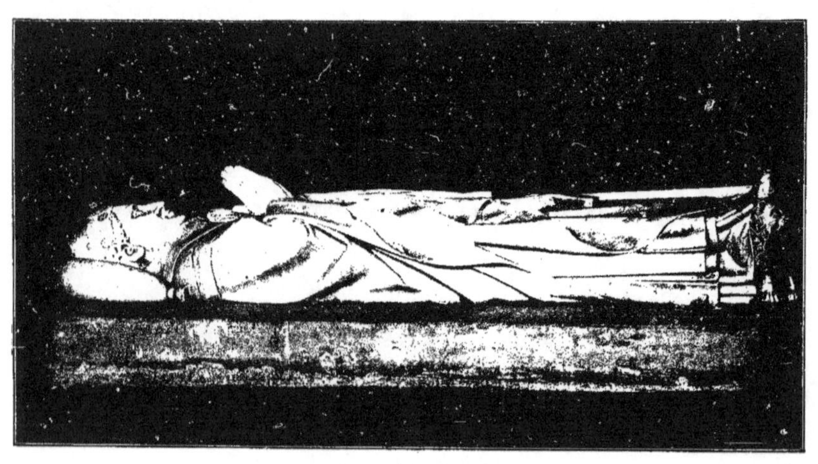

ÉCOUIS. — STATUE FUNÉRAIRE DE JEAN DE MARIGNY, MORT EN 1351

(MARBRE)

LES STATUES

DE L'ANCIENNE COLLÉGIALE D'ÉCOUIS (EURE)

L'église collégiale d'Écouis, fondée au mois de janvier 1311 par Enguerrand de Marigny, avait été dédiée en 1313 par le cardinal Nicolas de Fréauville, légat en France, assisté d'une douzaine d'archevêques et évêques. On comprendra cette extraordinaire solennité en se rappelant que le fondateur de la nouvelle collégiale était le tout-puissant ministre de Philippe le Bel [1]. Le roi voulut prendre sa part de la fondation. Par lettres datées de Fontainebleau au mois de février 1311, il autorisait Enguerrand de Marigny, ou les chanoines, à acquérir 420 livres de rente dans ses fiefs et arrière-fiefs, sans être tenus de payer finance [2].

On a fait remarquer, à juste raison, « que la rapidité de la construction de l'église (moins de trois ans), qui paraît peu croyable au premier coup d'œil, s'expliquera plus facilement quand on saura qu'elle est tout d'une venue, sans une colonne, sans un pilier, sans une nervure à l'intérieur [3]. »

Vers le second quart du seizième siècle, de superbes boiseries Renaissance furent appliquées au-dessus des stalles, qui paraissent dater du commencement du quinzième siècle ; tout cet ensemble subsiste encore aujourd'hui.

Le trésor renfermait une quantité de chasubles, chapes, parements d'autel, tapis, etc., dont l'inventaire dressé le 1er octobre

[1] Le chapitre d'Écouis était composé de douze chanoines, dont l'un était doyen ; il y avait en outre deux offices distingués, l'un de chantre, l'autre de trésorier, avec un vicaire perpétuel pour la cure unie au chapitre. L'église collégiale était placée sous le vocable de Notre-Dame. (*Description de la haute Normandie*, II, 337.)

[2] *Cartulaire d'Enguerrand de Marigny*, f° 62 (Bibl. nat., lat., 9785), cité par A. Benet, *Inventaire du trésor de la collégiale d'Écouis (Eure) en 1565*. Caen, 1888, in-8°, p. 10.

[3] A. Le Prévost, *Mémoires et notes pour servir à l'histoire du département de l'Eure*, II, 30.

1565 a été publié par M. Benet, archiviste du Calvados [1]. Parmi les objets d'art qui y figurent, il faut citer « la cotte d'arme que soulloit porteur messire Anguerran de Marigni, nostre fondateur, que Dieu absouille ; icelle cotte est de soye perse figurée, estant faicte a lesguille sur le mestier, armoyée de ces armes devant et derrière » ; puis une crosse et une mitre données par Jean de Marigny, archevêque de Rouen, aujourd'hui conservées au Musée d'Évreux [2].

Actuellement, l'église d'Écouis, quoique bien dépouillée de ses anciennes richesses, conserve une dizaine de statues qui peuvent apporter une intéressante contribution à l'histoire de la statuaire en Normandie. Malheureusement, aucun document ancien ne vient nous renseigner sur leur origine. Ce n'est donc point une étude archéologique proprement dite que nous faisons ici ; mais il nous plaît d'avoir à signaler plusieurs spécimens peu connus, notamment une Vierge, un saint Denis, une sainte Véronique, dans lesquels l'art religieux contemporain, si souvent veule et banal, pourrait aller puiser quelques saines inspirations.

L'un des frères de l'intendant général des finances, Jean de Marigny, archevêque de Rouen, était mort le 26 décembre 1351. Selon le vœu qu'il avait exprimé, son corps fut transporté dans le chœur de la collégiale d'Écouis pour y être inhumé. On lui dressa une sépulture du côté de l'Évangile, laquelle, dit Du Buisson-Aubenay, « est eslevée de trois pieds sur terre dans l'arceau qui l'environne [3]. Elle est couverte d'une lame de marbre noir portant une statue gisante, en pontifical, de marbre blanc [4]. »

Cette statue est fort belle et dans un bon état de conservation. Le défunt est revêtu du pallium, de la chasuble, dalmatique, tunique, etc. ; ses mains jointes sont gantées. Sur la mitre et les gants, ainsi que sur le manipule, le marbre a été creusé pour

[1] L'éditeur a fait précéder l'inventaire d'une copieuse annotation renfermant de très intéressants documents.

[2] Sur la mitre d'Écouis, voir la savante notice de M. Eugène Grésy, tirage à part des *Annales archéologiques*, in-4°, 7 p.

[3] L'existence de cet enfeu est confirmée par ces mots du *Dictionnaire* d'Expilly : « Dans le sanctuaire du chœur de l'église d'Écouis sont *deux chapelles voûtées* qui renferment les corps des seigneurs de la famille de Marigny. »

[4] Du Buisson-Aubenay, *Itinéraire de Normandie*. (Bibliothèque Mazarine, ms. 4406, f°s 18 et 19.)

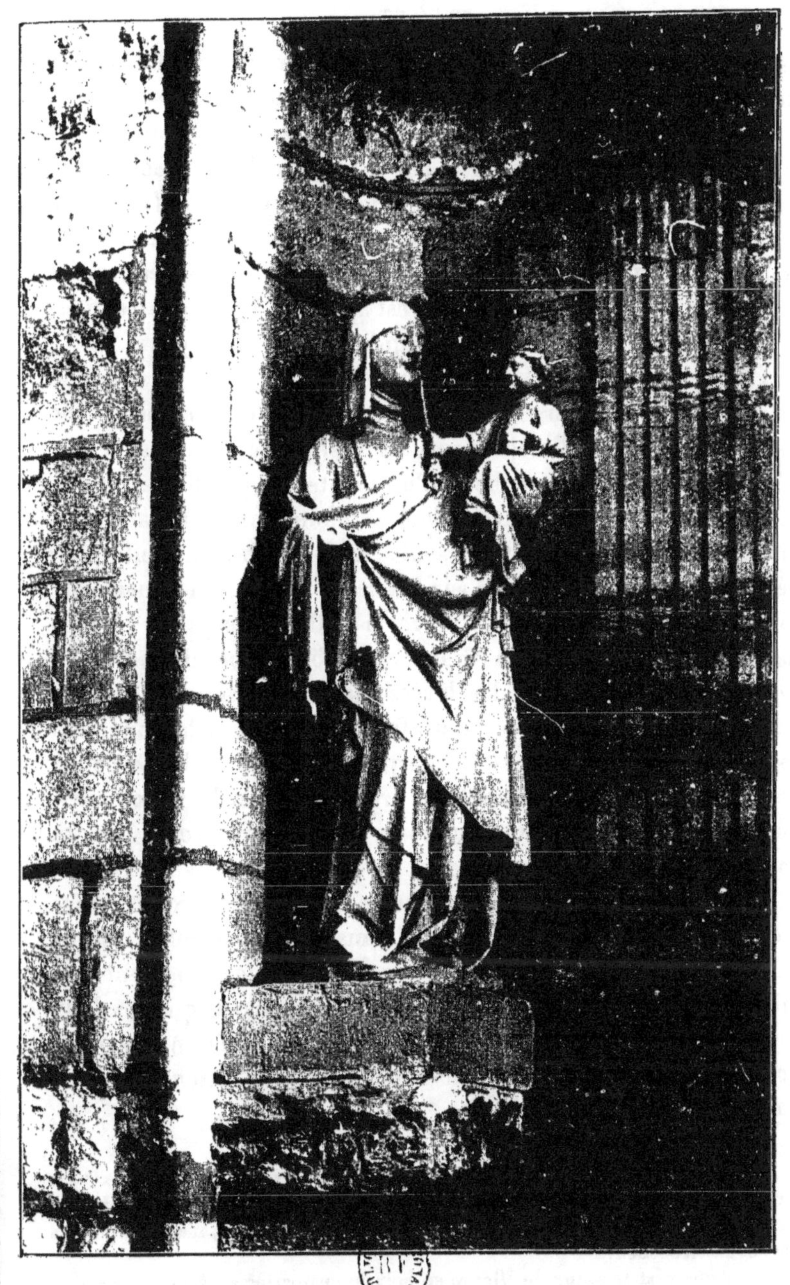

ÉCOUIS. — VIERGE

(PIERRE)

recevoir des perles et des pierres de forme circulaire ou losangée qui ont depuis longtemps disparu [1]. Le nœud de la crosse en marbre est formé d'un élégant fenestrage surmonté de gâbles triangulaires; quant à la volute, elle a été arrachée de son tenon de cuivre. Les pieds du prélat reposent sur un lion. Le visage émacié du vieil archevêque a toute la valeur d'un portrait : le front ridé, les yeux mi-clos, le nez tombant et recourbé, les oreilles charnues montrent que l'imagier s'est appliqué à reproduire fidèlement les traits du modèle en cire qu'il avait sous les yeux.

A l'autel de la Sainte Vierge, dans le transept nord, se voit une grande statue de marbre blanc qui paraît bien contemporaine de l'effigie funéraire de l'archevêque. La Vierge, aux épaules un peu étroites, est vêtue d'une robe et d'un manteau à plis fins et multipliés, souples et sans cassures. Sous sa haute couronne, autrefois ornée de cabochons dont un seul est demeuré, un voile, qui dégage la chevelure, retombe sur les bras : la mère en a enveloppé son fils; une étroite ceinture serre la taille, le corps est légèrement hanché à gauche. Le visage est noble et pensif; un léger sourire effleure pourtant les lèvres; la main droite, qui devait tenir une tige de passe-rose ou un fruit, a été fort maladroitement restaurée. L'Enfant Jésus est nu jusqu'à la ceinture; le corps est assez bien modelé, mais la tête est trop grosse, et le visage insignifiant; il tient un oiseau d'une main et de l'autre tire un pan du voile sur la poitrine de sa mère [2].

Le haut de la robe de la Vierge porte, comme ornement caractéristique, des disques évidés dans le marbre et autrefois garnis de cabochons. Cette ornementation se retrouve identiquement à la mitre et aux gants de Jean de Marigny. Nous croyons que ces deux statues de marbre, quoique d'une inspiration différente, sortent de quelque atelier de ces imagiers flamands qui s'étaient établis à Paris au quatorzième siècle.

[1] « La mitre, la chape et la crosse portaient autrefois des médailles de vermeil qui y étaient incrustées, et qui ont été volées. » MILLIN, *Antiquités nationales, Écouis*, p. 23. Il n'y avait point de médailles de vermeil, mais des pierres fines et des cabochons.

[2] Dans une grande statue de Vierge en bois du quatorzième siècle, exposée en 1900 au Petit Palais (n° 3043), l'Enfant Jésus fait un geste identique; du reste, ces deux statues ont une analogie frappante. *Catalogue illustré officiel de l'Exposition du Petit Palais*, p. 147.

Parmi les autres statues dont il nous reste à parler il en est qui n'occupent plus l'emplacement qui leur avait été originairement assigné.

Millin, dans ses *Antiquités nationales*, donne une vue de la façade occidentale de l'église d'Écouis; on peut juger combien cette élégante et simple architecture du quatorzième siècle a été odieusement travestie au commencement du dix-neuvième. Au pilier-trumeau s'adossait une statue de la Vierge portant l'Enfant Jésus [1] : c'est celle que l'on voit aujourd'hui au-dessus de la porte d'entrée [2]. Quant aux deux statues votives d'Enguerrand de Marigny et d'Alips de Mons, sa troisième femme, elles ont été détruites [3], et leur place est occupée d'un côté par un saint Denis et de l'autre par une Vierge mère d'une expression charmante et d'une facture magistrale.

Son costume est celui que l'on connaît : une robe retombant légèrement sur les pieds et un ample manteau que le bras droit relève en quelques plis d'une souplesse et d'une grâce exquises. Un voile très court et une guimpe enveloppent la tête et le menton de la Vierge qui sourit à l'Enfant Jésus. Chose rare, l'Enfant est joli et rieur; il tient un livre fermé d'une main, et de l'autre joue avec le voile de sa mère; il est entièrement vêtu et portait une couronne. Je ne sais si je me fais illusion, mais il me semble que c'est là un type de Vierge inédit, remarquable, qui mériterait d'être moulé et de prendre place au Musée de sculpture comparée du Trocadéro.

Un saint Denis lui fait face [4]. Il est revêtu des ornements pontificaux : chasuble, dalmatique, etc., se développant en plis sobres et soignés. Ses yeux sont clos; ses traits amaigris ont une expression frappante de douceur et de tristesse. Seul le sommet du crâne a été détaché par la hache du bourreau; le saint évêque le soutient

[1] *Antiquités nationales*, *Écouis*, pl. 1 et 2.

[2] Cette statue a été reproduite dans la *Normandie monumentale et pittoresque* (Eure), article *Écouis*, par M. Léon Coutil, p. 230.

[3] « Ce portail, peu remarquable dans son état actuel, offre un pilier central orné d'une statue de la Vierge; sur les piliers latéraux étaient, avant la Révolution, les statues d'Enguerrand de Marigni et d'Alips de Mons, sa troisième femme, portant chacun dans leurs mains une église dont ils faisaient hommage à la reine des cieux. » (A. Le Prévost, *Mémoire sur quelques monuments du département de l'Eure*, Caen, 1829, in-4°, p. 65.)

[4] Voir la planche ci-contre.

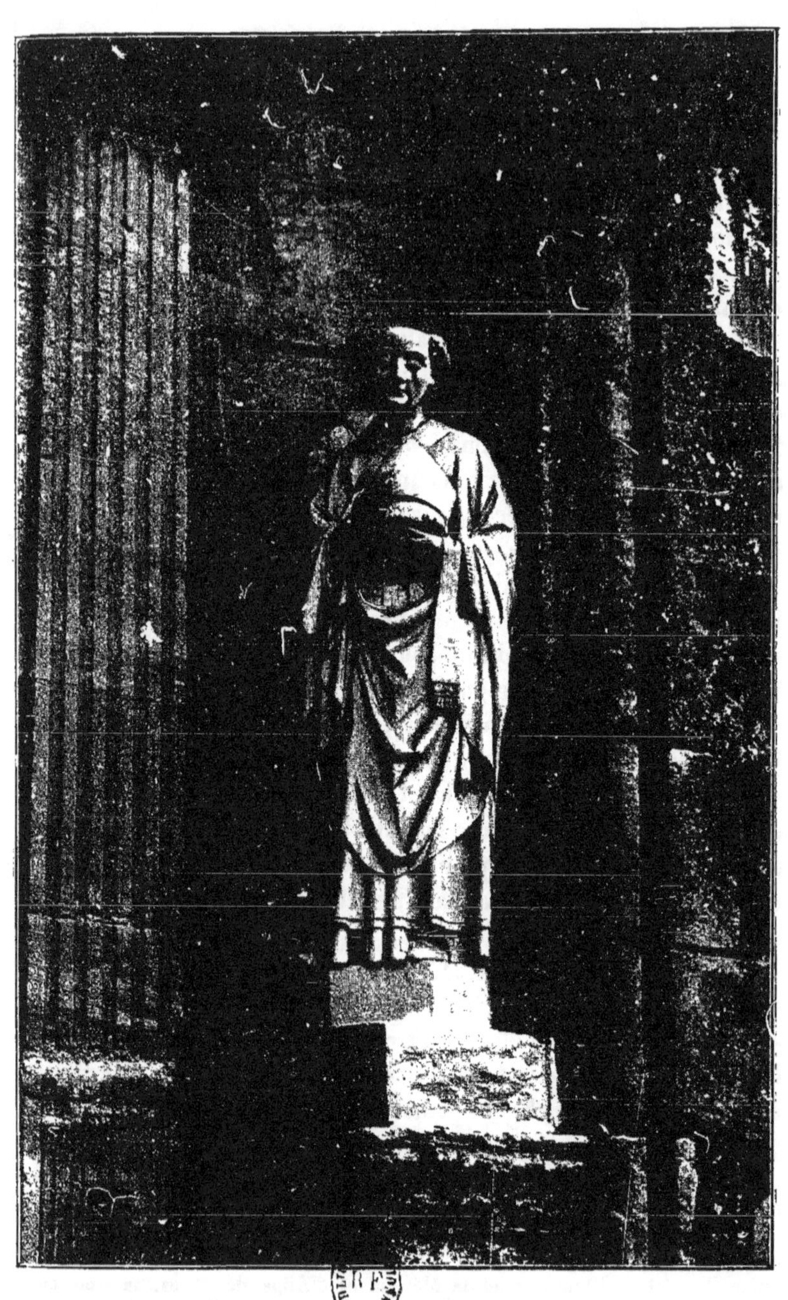

ÉCOUIS. — SAINT DENIS

(PIERRE)

dans ses mains. Ces deux statues, petite nature, sont évidemment l'œuvre d'un même artiste.

En rentrant dans l'église, on aperçoit contre le mur à gauche un groupe un peu plus grand que nature figurant l'Annonciation. La Vierge est debout, tenant un livre à double fermoir et croisant les mains sur la poitrine avec un geste de surprise. Un large manteau l'enveloppe de ses plis lourds, mais savamment drapés, et lui couvre la tête. Les mains sont effilées et assez jolies ; la tête, plutôt forte, est expressive, le cou gras, le menton accusé. L'ange Gabriel est à demi agenouillé et revêtu d'une dalmatique de diacre ; il déployait entre ses mains une banderole sur laquelle devaient se trouver les paroles de l'Évangile : *Ave gratia plena.* Cette statue massive et assez peu plaisante est supportée par un large socle gothique orné de feuilles de vigne séparées et se détachant sur le fond. Le cul-de-lampe de l'autre statue est plus intéressant ; il comprend un groupe de trois enfants à la chevelure bouffante, vus à mi-corps, se pressant et chantant autour d'un livre qu'ils suivent du doigt. C'est un petit groupe charmant.

Dans le transept à gauche, une sainte Véronique, tenant dans ses deux mains et montrant le linge sur lequel s'est empreinte la figure du Sauveur, est l'œuvre d'un art déjà en avance sur son époque. Le corps présente une légère inflexion ; le drapé est sobre et soutenu et suit bien le mouvement du torse. Quant à la coiffure, voile et guimpe, elle rappelle de très près celle de la jolie Vierge du portail, comme aussi l'effigie d'Alips de Mons que nous connaissons par la gravure des *Antiquités nationales* de Millin.

A l'un des murs du transept méridional est adossée une statue d'aspect véritablement étrange : c'est une sainte Marie l'Égyptienne debout, les yeux levés vers le ciel, les mains jointes, uniquement et entièrement vêtue de ses cheveux [1]. Les formes du corps, malgré cet étonnant vêtement, sont assez bien indiquées ; les traits du visage, un peu durs, ne sont pas sans analogie avec ceux de la Vierge de l'Annonciation.

Enfin, à l'extrémité de la sous-aile du chœur, près de la

[1] L'un des vitraux de la cathédrale d'Auxerre représente l'entrevue de sainte Marie l'Égyptienne et de saint Zozime ; la pénitente est enveloppée de ses cheveux. Voir le P. Cahier, *Caractéristiques des saints*, p. 246. — Voir la planche ci-contre.

sacristie, se voit, scellée au mur, une sainte Marguerite sortant du dos de son dragon vaincu [1] : figuration rare en Normandie, et dont le type se rapproche beaucoup de celui du retable franco-bourguignon d'Aix, que l'on peut voir au Musée de sculpture comparée du Trocadéro.

Telles sont les statues d'Écouis. Comme date, elles ne doivent pas être antérieures au premier quart du quinzième siècle. Si l'on excepte la sainte Marguerite, l'influence de l'art bourguignon ne s'y fait nullement sentir. Cette statuaire apparaît comme le produit d'un art encore traditionnel, sobre, maître de lui, mais pourtant préoccupé déjà de sortir du chemin battu, d'essayer des formules nouvelles dans la pose du corps et l'agencement des draperies ; d'un art, en un mot, qui ne recule pas devant les données inédites et parvient à créer des figures telles que la Véronique et la Marie Égyptienne.

Ces images de pierre, si elles sortent d'un atelier unique, — vraisemblablement celui qui était attaché à l'œuvre de la cathédrale de Rouen, — sont de mains différentes. Les imagiers auxquels on doit la Vierge et le saint Denis du portail et la Véronique étaient, certes, d'habiles gens ; on n'en pourrait dire autant de celui qui fit l'ange Gabriel.

Pour ce qui est des deux statues de marbre, elles doivent être, nous l'avons dit, l'œuvre de quelque atelier flamand établi à Paris. Or, on sait que, précisément à l'époque où l'on peut supposer, à juste raison, que l'on travaillait à la sépulture de Jean de Marigny, archevêque de Rouen, Jean ou Hennequin de Liège, « imaginier, faiseur de tumbes, demorant à Paris [2], » élevait en 1367-1368, dans le chœur de la cathédrale de Rouen, le tombeau où Charles V, qui avait été duc de Normandie, voulait que son cœur fût déposé [3].

[1] Nous disons sainte Marguerite, parce que seule elle est dite être sortie du dos et des entrailles du dragon qui l'avait engloutie. (*Caractéristiques des saints*, p. 322.) A Aix et à Tarascon, sainte Marthe est regardée comme ayant délivré le pays du dragon qui l'infestait ; son attribut serait le goupillon ; néanmoins, on la représente parfois comme sortant de l'échine du dragon, notamment dans le retable de Saint-Sauveur d'Aix.

[2] Sur Jean de Liège, voir L. Courajod et Frantz Marcou, *Musée de sculpture comparée. Catalogue raisonné, quatorzième et quinzième siècles*, Paris, 1892, p. 53 à 55.

[3] « Au milieu du chœur est un tombeau de marbre noir sur lequel est représenté couché le roi Charles V, fils du roi Jean, tenant son cœur en sa main ; sa

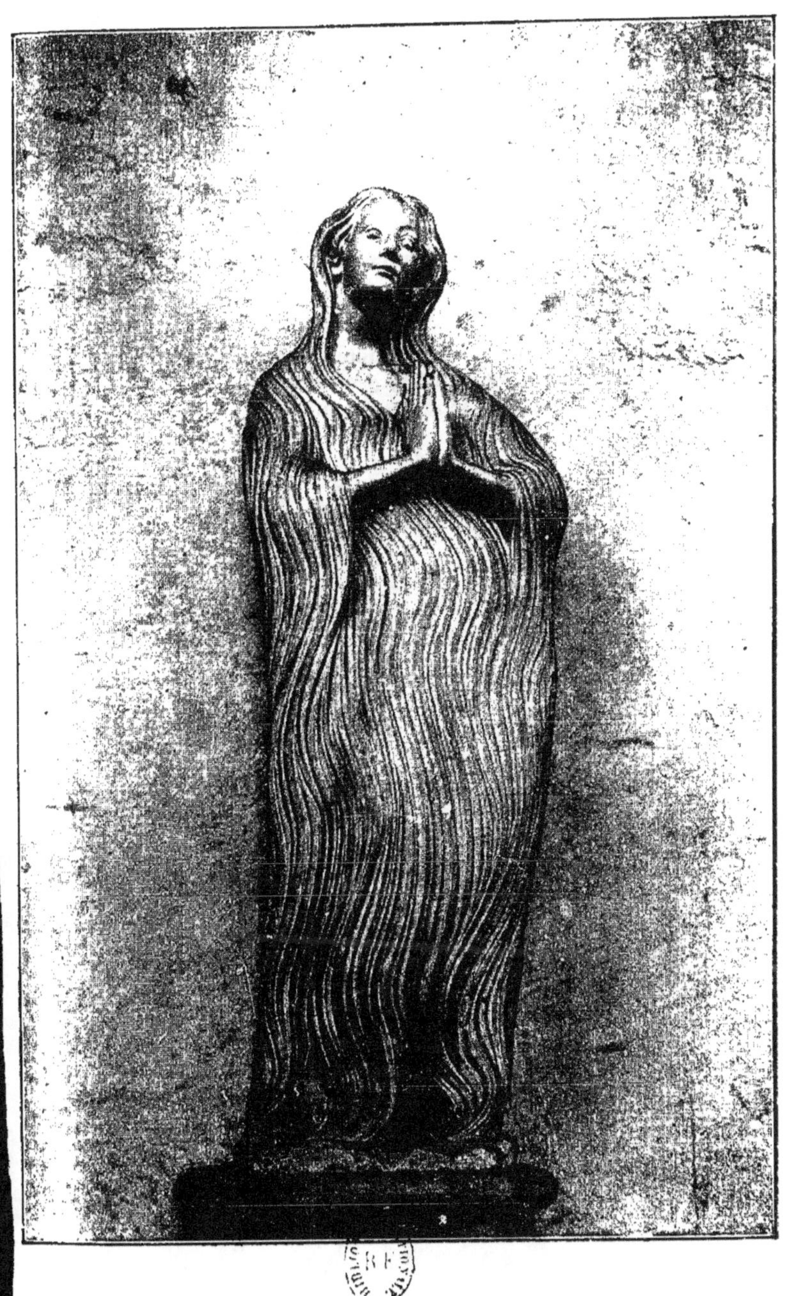

ÉCOUIS. — SAINTE MARIE L'ÉGYPTIENNE

(PIERRE)

Conviendrait il de rattacher au tombeau d'Écouis le nom illustre de Jean de Liège? Les documents sont demeurés muets jusqu'à ce jour. Parleront-ils plus tard, grâce à quelque heureuse découverte? Nous ne savons; mais nous n'en serions pas surpris outre mesure, car le gisant d'Écouis n'est guère inférieur à la superbe et sévère effigie de Blanche de France, duchesse d'Orléans, œuvre certaine de Jean de Liège, que l'on peut admirer à Saint-Denis.

figure est de marbre blanc, de grandeur naturelle, vêtu à la royale et la couronne en tête. » (PARIN, *Histoire de la ville de Rouen*, 1710, II, 27.) Ce monument, mutilé par les Calvinistes en 1562, fut détruit à la Révolution.

PARIS. TYP. PLON-NOURRIT ET Cie, 8, RUE GARANCIÈRE. — 3608

www.ingramcontent.com/pod-product-compliance
Lightning Source LLC
LaVergne TN
LVHW010338230826

846091LV00009B/3929

9782019215385